UNION COLONIALE FRANÇAISE

BUT

MOYENS D'ACTION

RÉSULTATS

PARIS

AU SIÈGE DE L'UNION COLONIALE FRANÇAISE

44, RUE DE LA CHAUSSÉE-D'ANTIN, 44

1900

UNION COLONIALE FRANÇAISE

BUT

MOYENS D'ACTION

RÉSULTATS

PARIS

AU SIÈGE DE L'UNION COLONIALE FRANÇAISE

44, RUE DE LA CHAUSSÉE-D'ANTIN, 44

1900

L'UNION COLONIALE FRANÇAISE comprend :

1º Des membres **sociétaires-fondateurs** ;

2º Des membres **donateurs** ;

3º Des membres **correspondants** ;

4º Des membres **adhérents** ;

Tous ces membres reçoivent *gratuitement* la **Quinzaine Coloniale**, revue bi-mensuelle, organe de l'UNION COLONIALE FRANÇAISE, ainsi que les différentes publications de la Société. Ils sont convoqués à des réunions très fréquentes, telles que : conférences, discussions, dîners, etc.

Le prix de la cotisation de membre adhérent est de cinquante francs par an.

5º Des **sections régionales** :

Les membres des Sections régionales de l'UNION COLONIALE FRANÇAISE payent une cotisation annuelle de dix francs.

UNION COLONIALE FRANÇAISE

But, Moyens d'Action, Résultats

I

BUT

L' « *Union Coloniale Française* », *fondée en juin 1893, a pour but :*

1° La défense des intérêts coloniaux existants, généraux et particuliers :

a) En assurant par tous les moyens en son pouvoir, le développement, la prospérité et la défense des intérêts généraux de la colonisation et du commerce colonial, ainsi que les intérêts particuliers des membres de l'Association en tant qu'ils sont d'accord avec ces intérêts généraux ;

b) En provoquant des réunions ayant pour objet la discussion et l'examen des questions coloniales ;

c) En intervenant auprès des pouvoirs publics et toutes juridictions pour la défense des principes d'intérêt général ;

- *d*) En examinant et en provoquant toutes mesures économiques ou législatives reconnues nécessaires, en les soutenant par tous les moyens à sa disposition ;

e) En communiquant à ses membres tous les renseignements utiles, lois, règlements, tarifs douaniers, tarifs et cahiers des charges des diverses administrations et généralement tous documents et renseignements qu'elle prend le soin de réunir, en aussi grand nombre que possible.

2° La création d'intérêts nouveaux :

a) En répandant largement en France des notions et des idées coloniales justes, au moyen de notices et brochures de propagande, articles de presse, publications diverses, cours professés dans les facultés et écoles d'enseignement secondaire et primaire, conférences à Paris et en province, en un mot, en faisant mieux connaître et apprécier nos possessions lointaines;

b) En provoquant l'émigration de capitaux et de colons vers nos colonies et en contribuant à leur mise en valeur par l'agriculture et l'industrie et au développement du commerce.

MOYENS D'ACTION

Sacrifices pécuniaires faits pour la cause coloniale

Du 1er juin 1893 au 31 mai 1894..........Fr.   99.371 95
Du 1er juin 1894 au 31 mai 1895.............   120.165 85
Du 1er juin 1895 au 31 mai 1896.............   98.929 55
Du 1er juin 1896 au 31 mai 1897.............   110.750 90
Du 1er juin 1897 au 31 mai 1898.............   137.865 82
Du 1er juin 1898 au 31 mai 1899.............   110.289 58
Du 1er juin 1899 au 31 mars 1900...........   95.295 »
                               Total........   776.668 65

Nombre de lettres reçues par l' « Union Coloniale Française »

	Lettres
Année 1894	1.805
— 1895	4.346
— 1896	4.649
— 1897	6.236
— 1898	6.085
— 1899	5.872
— 1900 (1er trimestre)	1.478
	30.471

Nombre de lettres et imprimés expédiés par l' « Union Coloniale Française »

	Lettres	Imprimés
Année 1894...........................	2.593	5.684
— 1895...........................	2.834	9.372
— 1896...........................	4.022	12.543
— 1897...........................	7.491	19.233
— 1898...........................	7.062	12.001
— 1899...........................	6.650	25.802
— 1900 (1ᵉʳ trimestre)............	2.315	2.593
	32.417	87.228

Visites

. L' « Union Coloniale Française » reçoit *chaque année* plus de
3.000 visites de personnes qui se présentent à ses bureaux pour
demander des renseignements.

I° ENSEIGNEMENT COLONIAL ET PROPAGANDE

Cours de l' « Union Coloniale Française » à la Sorbonne

En 1896-1897 :

MM.

La condition politique et économique des colonies (10 leçons)....................	J. CHARLES-ROUX.
Doctrines et Œuvres coloniales (11 leçons)	MARCEL DUBOIS.
Le Tonkin et ses ressources (10 leçons)...	DEPINCÉ.
Le Sénégal et ses ressources (11 leçons)..	MILHE-POUTINGON.

En 1897-1898 :

	MM.
L'Algérie, sa mise en valeur (8 leçons)....	MARCEL DUBOIS.
Madagascar et ses ressources (12 leçons).	R. P. PIOLET.
L'Hygiène coloniale (5 leçons).............	Dʳ TREILLE.
Cultures et Productions coloniales (5 leçons)	HENRI LECOMTE.
Le Laos et le Haut-Laos (4 leçons)........	Capitaine SANDRÉ.

En 1898-1899 :

	MM.
La Nouvelle-Calédonie (10 leçons)........	LOUIS SIMON.
La France en Tunisie (10 leçons).........	TRIDON.
Maurice et la Réunion (10 leçons)........	CH. NOUFFLARD.
La Question monétaire aux Colonies (10 leçons).........................	J. CHARLES-ROUX.

En 1899-1900 :

	MM.
Histoire de la Colonisation française jusqu'en 1815 (10 leçons)................	FROIDEVAUX.
La Politique coloniale de la Restauration (8 leçons).........................	CHRISTIAN SCHEFER.
La Monnaie, le Crédit et le Change dans les Colonies françaises (9 leçons)......	ANDRÉ HOMBERG.
Suite du cours précédent (8 leçons)....	J. FRANCONIE.
Le Système fiscal et l'État social dans l'Indo-Chine française (8 leçons)......	DEMORGNY.

Prix décernés aux élèves
des Cours de l' « Union Coloniale Française » à la Sorbonne

1896-1897

Bourses de 2.000 fr. avec passages gratuits pour une Colonie française	M. MACHAT, *agrégé d'histoire et de géographie* : « Essai sur la géographie du Fouta Djallon ».
	M. RUÉDEL, *licencié ès lettres* : « Enquête sur les pêcheries maritimes de la Tunisie ».

1896-1897 (Suite)

Médaille d'Or de 100 francs	M. D'ANFREVILLE DE LA SALLE : « Étude historique sur l'Éducation coloniale en France. »
Médaille d'Argent	M. CHEMIN-DUPONTÈS : « Colbert et les Compagnies de Colonisation en Afrique occidentale ». M. TOCQUÉ : « L'Éducation des Indigènes au Sénégal ».

1897-1898

Bourses de 2.000 fr. avec passages gratuits pour une Colonie française	M. LOUIS MANN : « Premières tentatives de Colonisation en Algérie. Le premier Gouvernement du Général Clauzel ». M. PAUL FARAND : « Les Hauts Plateaux Algériens. Étude de Géographie physique et économique ».
Médaille d'Or de 200 francs	M. D'ANFREVILLE DE LA SALLE, *docteur en médecine :* « La Conquête pacifique du Tonkin ».
Médaille d'Or de 100 francs	M. SAUSSINE : « Les Ressources et les Débouchés du Laos ».

NOTA. — *Les prix de l'année 1898-1899 seront distribués au mois d'octobre 1900.*

Office Colonial de la Sorbonne

Un Office colonial a été créé par l'Union Coloniale Française à la Sorbonne. Il est spécialement destiné à la diffusion des renseignements relatifs aux Colonies parmi la jeunesse des Écoles.

CONFÉRENCES

PARIS

*Principales conférences de l' « Union Coloniale Française »
à Paris :*

En 1895-1896

	MM.
Les Grandes Compagnies de colonisation.	P. LEROY-BEAULIEU.
L'Armée coloniale......................	A. DE MONTEBELLO.
Comment rendre nos colonies prospères.	J. CHARLES-ROUX.
Les Colonies et l'Enseignement géographique.........	MARCEL DUBOIS.
Le Recrutement des fonctionnaires aux Colonies........	D'ESTOURNELLES.
Les Communications télégraphiques avec les Colonies......................	DEPELLEY.
Les Colons de demain (L'âge de l'Agriculture)......................	
La Colonisation et le clergé (conférence à Saint-Sulpice)......................	
Ce qu'on peut faire aux Colonies (Conférence à l'École Polytechnique)...........	J. CHAILLEY-BERT.
Madagascar (Concessions, esclavage).....	
La Tunisie................................	

En 1896-1897

	MM.
Vingt-cinq années de Politique coloniale .	ETIENNE.
La Nouvelle-Calédonie...................	CHARLES PREVET.
Ce qu'on peut faire au Tonkin............	ULYSSE PILA.
L'Éducation des Indigènes...............	VIDAL DE LA BLACHE.
La Kabylie et le peuple Kabyle...........	FLANDIN.
Une exploration technique à Madagascar.	DUPORTAL.
Ce qu'on peut faire en Tunisie...........	LEVASSEUR.
Le Rôle social de la Colonisation.........	
Ma Mission aux Indes néerlandaises......	J. CHAILLEY-BERT.
Les Travaux publics aux Colonies (Les Chemins de fer)......................	

En 1897-1898

MM.

Les Idées coloniales de Richelieu.........	EMILE BOURGEOIS.
La Colonisation hollandaise à Java.........	J. CHAILLEY-BERT.
La Colonisation allemande et ses caractères...................................	MARCEL DUBOIS.
Montcalm et le Canada...................	GOURRAIGNE.
La Colonisation anglaise au Cap.........	R.-GEORGES LÉVY.
Les Travaux publics et le Chemin de fer au Congo belge	Major THYS.
La Colonisation russe en Sibérie	HAUMANT.
Ma Mission à Java......................	} J. CHAILLEY-BERT.
L'Évolution coloniale et la Littérature.....	
La Question du Chemin de fer à Madagascar...............................	GROSCLAUDE.
L'Exposition coloniale de 1900	J. CHARLES-ROUX.
Les Chemins de fer en Indo-Chine	} DEPINCÉ.
Les Chemins de fer en Indo-Chine. Les lignes urgentes (Suite.)...............	
Exposé de la situation coloniale à Majunga	ALBY.

En 1898-1899

MM.

L'Alcoolisme aux Colonies................	
De la Colonisation française.............	
La Question monétaire aux Colonies......	
Deux causeries sur la « Colonisation » (Salle de la Bodinière.)....................	} J. CHAILLEY-BERT.
Les Colonies françaises actuelles (Géographie physique et économique). (Cinq conférences à la Bodinière.)..........	
L'Algérie et le Transsaharien............	P. LEROY-BEAULIEU.
Nos Colonies et la Marine marchande.....	J. CHARLES-ROUX.
Les Chemins de fer à Madagascar........	J. CHAILLEY-BERT.
Les Câbles sous-marins en cas de guerre.	DEPELLEY.

Les Progrès de la Colonisation dans les Colonies françaises :

MM.

Les Progrès de la Colonisation au Tonkin	DEPINCÉ.
Les Progrès de la Colonisation à Madagascar................................	GROSCLAUDE.
Les Progrès de la Colonisation en Nouvelle-Calédonie......................	LOUIS SIMON.
Les Progrès de la Colonisation en Tunisie	DANIEL ZOLLA.

Les Héros de la Plus Grande France :

Flacourt (Madagascar)...................	DUPORTAL.
Bugeaud (Algérie)......................	CHRISTIAN SCHEFER.
Faidherbe (Sénégal).....................	MARCEL DUBOIS.
Champlain (Canada).....................	GOURRAIGNE.

En 1899-1900

La Main-d'œuvre aux Colonies	MM.
	MILHE-POUTINGON et DEPINCÉ.
L'Utilisation coloniale de l'Armée.........	Lt-Colonel LYAUTEY.
La Défense des Colonies	GUILLAIN et CHAILLEY-BERT.
Le Transvaal.........................	
Le Colon. Sa préparation, son avenir. (Cinq conférences à la Bodinière.).....	J. CHAILLEY-BERT.

DÉPARTEMENTS

1° Conférences faites en province par M. CHAILLEY-BERT, Secrétaire général de l' « Union Coloniale Française » :

Année 1894

Lyon	La mise en valeur de nos Colonies.
Grenoble..........	L'Expansion coloniale.
Saint-Etienne	Les Colonies françaises.
Roanne..	L'Union Coloniale Française.
Avignon	Le Domaine colonial de la France.
Montpellier.......	La Colonisation au Tonkin.

Année 1895

Lyon	Madagascar. Comment on fonde une colonie
Nantes..	L'Expansion coloniale ; l'Union Coloniale Française.
Annonay..........	L'Union Coloniale Française ; son but et ses moyens.
Épinal............	Situation actuelle de l'Indo-Chine.
Remiremont.......	La mise en valeur de nos Colonies.
Tourcoing........	Le Domaine colonial de la France.

Année 1897

Marseille.........	L'Avenir de nos Colonies.
Reims............	Comment utiliser nos Colonies.
Reims............	L'Union Coloniale Française.
Nantes	Dupleix.
Le Havre	Colonies et Colonisation.
Monte-Carlo.......	La Colonisation et les Cadets du nouveau Régime.

Année 1898

Lille................	La Politique coloniale de la France.
Lyon...............	Java et la Colonisation hollandaise.
Lille..............	Les Travaux publics aux Colonies.
Dunkerque........	La mise en valeur de nos Colonies.
Bordeaux....	Les Colonies et la Jeunesse française.
Rouen....... ...	Les Hollandais à Java.
Rouen............	La mise en valeur de nos Colonies.

Année 1899

Montmorency.....	Les Colonies françaises.
Amiens..........	Les Colonies et le choix d'une carrière.
Nantes..........	Que faire de nos fils ?
Bordeaux........	La mise en valeur de nos Colonies.
Nantes...........	Le Tranvaal.
Nantes...........	Création d'une Section régionale de l'Union Coloniale Française à Nantes.

Année 1900

Joigny...........	Le Peuple du Transvaal.
Bourges	Du Tonkin, de sa Colonisation.
Montpellier.......	L'Agriculture aux Colonies.
Châlons-sur-Marne	Vingt années de Politique coloniale.
Châlons-sur-Marne	Les Ressources de nos Colonies.
Angers	L'Éducation du Colon.
Nantes	L'Avenir de nos Colonies.
Bourges	L'Expansion coloniale et son utilité.
Montpellier.......	{ L'Enseignement et les Colonies. { L'Agriculture aux Colonies. { L'Union Coloniale Française.
Lyon	Les Boers et les Anglais dans l'Afrique du Sud.
Bordeaux	Les Ressources de nos Colonies.

2° *Conférences faites en province sous les auspices de l'«Union Coloniale Française» par des* AUXILIAIRES SPONTANÉS, *dont les noms suivent :*

MM.

ANFREY, Instituteur, à Saint-Paul-de-Fourques, par Brionne (Eure).
ASTIER, aux Chalesses, par Châteauneuf-de-Randon (Lozère).
BELLEMENT, Instituteur adjoint, à Bohain (Aisne).
BENOIST, Instituteur, à Edon, par Villiers-la-Valette (Charente).
BOTREL (Abbé), Professeur au Collège de Tréguier (Côtes-du-Nord).
BECK, Instituteur, à Villers-aux-Bois, par Avize (Marne).

MM.

BOUILLOT, Lycée de Beauvais (Oise).

BOURGEON, Instituteur, à Matour (Saône-et-Loire).

BOISSET, chez Seigneur Polycarpe, à Saigneville, par Saint-Valéry (Somme).

BOBILLOT, Professeur au Lycée de Beauvais (Oise).

BELLET, Juge au Tribunal civil, à Boulogne-sur-Mer (Pas-de-C.).

BROS (Abbé), 74, rue de Vaugirard, à Paris.

BOURQUIN, à Echenain-sur-l'Étang, Arcey (Doubs).

BOISSY, Instituteur, Paroy-sur-Tholon, par Joigny (Yonne).

CARRA, Instituteur à Vesenex-Crassy, canton de Gex (Ain).

CRAVE, à Montreux-Château (Territoire de Belfort).

COMBE (Abbé), Vicaire à Saint-Barthélemy (Maine-et-Loire).

COURENS, 44, Rue Neuve, Lons-le-Saulnier (Jura).

CHAMBERLAND, Professeur agrégé de l'Université, à Chartres (Eure-et-Loir).

DE CHASTEIGNIER (Vicomte), chalet Henricot, Biarritz (Basses-Pyrénées).

CROZALU, Sous-Agent de la Compagnie Transatlantique, à Béziers (Hérault).

CORMONT, Instituteur, à la Caloterie (Pas-de-Calais).

DELMAS, 29, cours d'Alsace-Lorraine, à Bordeaux.

DAMEL, 40, rue Pasteur, à Châlons-sur-Marne.

DEBARD, à Izieux (Loire).

DELAGE, à Beaugé (Maine-et-Loire).

DALLONGEVILLE, à Fréniches, par Guiscard (Oise).

DARGAUD, Ecole de Saint-Cosme, Chalon-sur-Saône (Saône-et-Loire).

DESSAGNES, Professeur au Lycée, à Amiens.

DELVAILLE (Dr), à Bayonne (Basses-Pyrénées).

DREUMONT, Instituteur, 65, rue de la Rondelle, à Roubaix.

DUFOUR, Directeur de l'École publique, à Jeumont (Nord).

DHEILLY, Instituteur, à Alençon (Orne).

DELPEUCH, Collège de Juilly (Seine-et-Marne).

ESPIAN, Instituteur, à Puységur, par Montastruc (Gers).

ETRILLARD, Juge de Paix, canton Est de Vitré (Ille-et-Vilaine).

FLEUTRET (Eug.), Instituteur, à Versannes, par Gex (Ain).

FORSANT, Professeur à l'Ecole primaire supérieure, Vervins (Aisne).

FETROT, Instituteur, à Grand'ham, par Grandpré (Ardennes).

FARNEL, à Caulnes (Côtes-du-Nord).

GRASSET, Instituteur, à Bellignat, par Oyonnax (Ain).

GONGUET, Instituteur, à Lhopital, par Billiat (Ain).

GUILLEMAIN, Instituteur, à Orlut, par Cherves-de-Cognac (Charente).

GROSSIN, Instituteur, à Francourville, par Sours (Eure-et-Loir).

GIRARD, Professeur au Collège catholique de Sainte-Foy-la-Grande (Gironde).

GINESTE, à Paulhac, par Saint-Chély (Lozère).

DE LA GORCE, Avocat, 31, rue d'Esquerchin, à Douai (Nord).

GODARD, Instituteur, à Neuville-Bourjouval (Pas-de-Calais).

GIRAUD (Abbé), à La Chapelle-Gangoin, par Bessé-sur-Braye (Sarthe).

MM.

GAPEAU, Instituteur, Bois-de-Cène (Vendée).
GIROUIN, Instituteur, La Chateigneraie (Vendée).
JURUS, Instituteur, au Pauzin (Ardèche).
JASMIN, Conducteur des Ponts et Chaussées, à Auxerre (Yonne).
JOSSERAND, Inspecteur primaire, à Charolles (Saône-et-Loire).
LAMBERTHOD, Instituteur, à Brion, près Lacluse (Ain).
LUCAIN, Instituteur, à Vouvray, par Chatillon-de-Michaille (Ain).
LALANNE, Inspecteur primaire, à Laon (Aisne).
LAMBERT, Directeur de l'École supérieure de Dol (Ille-et-Vilaine).
LETELLIER, Sergent au 119e d'Infanterie (8e Compagnie), à Lisieux
　　(Calvados).
LION (Alfred), Instituteur adjoint, à Etroeungt (Nord).
LABOURET, à Moret (Seine-et-Marne).
LARUE, Secrétaire du Cercle de l'École d'Agriculture de Tunis.
MARTIAL, à Saint-Hippolyte-du-Fort (Gard).
MEINIER, Instituteur, à Saint-Martin-du-Frêne, par Maillat (Ain).
MANGON, Instituteur, à Neuville-St-Amand, par St-Quentin (Aisne).
MARTIN, Instituteur, à Angoulême (Charente).
MANCEAU, à Verdelot, canton de Rebais (Seine-et-Marne).
MAZENOT, Instituteur, à Digoin (Saône-et-Loire).
MEYNARD, Lieutenant-instructeur à l'École de Saint-Cyr.
NAVORET, Instituteur, à Bellegarde (Ain).
NARCISSE, Instituteur, à Harcigny, près Vervins (Aisne).
PENARD, Instituteur, à Cerdon (Ain).
PROSTE, Instituteur, à Dortan (Ain).
PICOT, Instituteur, à Pougny (Ain).
PICAUDET, Instituteur, à Bézenet (Allier).
PUGNIÈRES, Instituteur, à Arles-Moules (Bouches-du-Rhône).
PHILIPPE, Directeur de l'École de Plouezec (Côtes-du-Nord).
PANGAUD, Instituteur, à Peyrat-le-Château (Haute-Vienne).
PERRENOT, à Faverges, par la Tour-du-Pin (Isère).
PERRIN, Directeur d'École primaire, à Saint-Germain-Laval (Loire)
PÉCHARD, Instituteur, à Buais (Manche).
PHILBERT, Instituteur, à Doulçon (Meuse).
PLAISIR, Instituteur, à Baud (Morbihan).
PLEUVRY, à Savigny-sur-Braye (Loir-et-Cher).
QUÉTARD, à Beaugency (Loiret).
QUENOT, à Gratibus, par Montdidier (Somme).
RIVEZ, Instituteur, à Bourrogne (Territoire de Belfort).
RANDON, Professeur, au Lycée d'Alais (Gard).
ROUANNE, Instituteur, à Saint-Béat (Haute-Garonne).
RIVOIRE, Instituteur, à Saint-Étienne.
STERR, Instituteur, aux Neyrolles, par Nantua (Ain).
SPRIET, Notaire, à Marchiennes (Nord).
TOUSSAINT, Inspecteur primaire, à Dinan (Côtes-du-Nord).
TOUZET, à Bussières, par Saint-Sorlin (Saône-et-Loire).
THOMAS, 5, rue Ponsardin, à Reims.
THOREZ, Professeur, à l'Institution Saint-Jean, à Douai (Nord).
ZELLER, Instituteur, à Chèvremont (Territoire de Belfort.)

2° BIBLIOTHÈQUE

Commencée en 1894, la Bibliothèque de l' « Union Coloniale Française », due entièrement à l'initiative privée, ne comptait qu'un nombre restreint de volumes et n'était ouverte qu'aux membres de l' « Union Coloniale Française »; depuis par achats, abonnements, échanges et dons, elle s'est accrue au point d'être, aujourd'hui, parmi les meilleures bibliothèques coloniales européennes, la plus riche en documents officiels, rapports commerciaux, bulletins, journaux et périodiques français et étrangers concernant les colonies françaises, l'Insulinde néerlandaise, l'empire colonial britannique, les possessions portugaises, allemandes, belges, etc.

La Bibliothèque compte actuellement plus de 25.000 volumes ou brochures, environ 600 cartes, 200 collections officielles françaises et étrangères et 4.000 journaux, périodiques et bulletins. Elle est répartie en cinq classes : I. Ouvrages concernant les colonies; II. Matières coloniales spéciales; III. Enseignement. Économie politique et sociale; IV. Documents officiels généraux, journaux, périodiques, annuaires; V. Cartes et estampes. Chacune de ces classes comprend plusieurs divisions partagées en subdivisions qui se fractionnent en sections. En outre des deux grands catalogues par auteurs et par matières, 21 catalogues par spécialité assurent la rapidité des recherches.

La Bibliothèque est ouverte de dix heures à midi et de deux heures à cinq heures du soir aux membres de l' « Union Coloniale Française », aux législateurs, fonctionnaires, étudiants des écoles spéciales et aux personnes munies d'une carte d'entrée délivrée gratuitement par l' « Union Coloniale Française ».

3° LA QUINZAINE COLONIALE (5ᵉ ANNÉE)

44, rue de la Chaussée-d'Antin, Paris

ORGANE DE L'UNION COLONIALE FRANÇAISE

Directeur : M. Joseph CHAILLEY-BERT

Principaux articles parus :

Année 1897

Un exemple des méthodes anglaises de colonisation. — Le peuplement des colonies et l'action du clergé (J.-P. Piolet). — Les intérêts français dans la mer Rouge (J. Charles-Roux). — La marine marchande et les colonies (J. Charles-Roux). — Questions

d'hygiène coloniale (Dr Georges Treille). — Ce que l'on peut faire
en Tunisie. — La France dans l'Afrique occidentale (J. Chailley-
Bert). — La fin du protectorat de Madagascar et ses conséquences
logiques (J. Chailley-Bert).

Décentralisation coloniale (A. Girault). — Comment tirer parti de
nos colonies (J. Chailley-Bert). — La Ligue Coloniale de la Jeunesse (Ch. Noufflard). — Faites des spécialistes (trois articles)
(J. Chailley-Bert). — Faites des chemins de fer (deux articles)
(J. Chailley-Bert). — L'industrie aux colonies (D. Pector). — L'avenir
commercial de la Tunisie (E. Fallot).

Année 1898

La justice et le principe de la séparation des pouvoirs en Indo-
Chine (G. Denoual). — Les Banques coloniales en 1897 (J. Franconie). — Les chemins de fer aux colonies. — Les colonies et
l'éducation (cinq articles) (J. Chailley-Bert). — Une nouvelle régle-
mentation de l'immigration en Allemagne et en Italie (A. Ebray).
— L'union commerciale de l'Angleterre et de ses colonies (Ch. Noufflard). — La colonisation en Annam (C. Pâris). — La mise en
valeur du Bas-Laos (J.-M. Bel). — La création des conseils de
notables au Tonkin (Ch. Depincé). — La colonisation en Nouvelle-
Calédonie (Mgr Fraysse). — Les ressources financières de la Chine
(J. Franconie).

La colonisation agricole au Tonkin et à Madagascar. — Les
chemins de fer de l'Indo-Chine, les jardins d'essais (J. Chailley-
Bert). — Les enseignements de Fachoda (J. Chailley-Bert). — Les
travaux publics aux colonies et la question financière (J. Chailley-
Bert). — Les voies de communication et les moyens de transport à
Madagascar (J. Charles-Roux). — De quelques-unes des possibilités
économiques de l'Indo-Chine (Henri Brenier). — Le commerce
français dans les îles du Pacifique (M.-G. Moriceau).

Année 1899

La jeunesse et les colonies (J. Chailley-Bert). — Principes de
colonisation (Ch. Depincé). — Les colonies et la marine mar-
chande (J. Chailley-Bert). — Malaise colonial (J. Chailley-Bert). —
M. Cecil Rhodes et le chemin de fer transafricain (J. Franconie).
— Les chemins de fer dans les colonies et la garantie de l'Etat. —
Les travaux publics dans les colonies et l'intervention de l'Etat
(J. Chailley-Bert). — Outillage économique de la Tunisie. — Les
concessions au Congo (J. Chailley-Bert). — Le port du Tonkin
(J.-B. Malon).

Les budgets locaux des colonies. — Un essai de crédit pour la
colonisation familiale (comte de Castries). — Le problème de la
main-d'œuvre aux colonies. — Le progrès de nos colonies de
l'Afrique occidentale (J. Chailley-Bert). — Enseignement médical
colonial. — Nos colonies et les lois d'affaires (J. Chailley-Bert). —
La politique de la France et les puissances (J. Chailley-Bert). — La

détaxe des cafés coloniaux. — L'amodiation des biens domaniaux en Algérie (Hamelin). — La dislocation du Soudan français. — La colonisation du Tonkin (sept articles) (J. Chailley-Bert). — La colonisation agricole au Tonkin (Duchemin). — La réforme monétaire aux Indes (J. Franconie).

Année 1900

Le budget des colonies pour 1900 (trois articles) (J. Chailley-Bert). — La défense des colonies et l'armée coloniale (M. de Malglaive). — La défense des colonies : le plan financier (J. Chailley-Bert). — Le nouveau tarif sur le café (J. Chailley-Bert). — L'enseignement colonial (J. Chailley-Bert). — Le régime des concessions à la côte occidentale d'Afrique. — L'exposition coloniale (J. Chailley-Bert). — L'armée coloniale (J. Chailley-Bert).

4° PUBLICATIONS

Organisation et fonctionnement
Rapports de l'Union Coloniale Française avec ses membres

STATUTS. — RAPPORTS. — LISTE DES MEMBRES. — SERVICES RENDUS DINERS MENSUELS. — BANQUETS, ETC.

Notice sur l'Union Coloniale Française.
Notice sur l'Union Coloniale Française, Chambre syndicale du commerce colonial.
Notice sur l'Union Coloniale Française (1894).
Statuts de l'Union Coloniale Française (1894).
Statuts modifiés de l'Union Coloniale Française (1894).
Liste des membres de l'Union Coloniale Française (1894).
Liste des membres de l'Union Coloniale Française (1895).
Liste des membres de l'Union Coloniale Française (1896).
Rapport de l'exercice 1893-1894.
Rapport de l'exercice 1894-1895.
Rapport de l'exercice 1895-1896. Liste des membres.
Rapport de l'exercice 1896-1897. Liste des membres.
Rapport pour les années 1897-1898 et 1898-1899. — Sommaire :
    I. L'Union Coloniale Française, origine, but, résultats. —
    II. L'Œuvre de l'Union Coloniale Française : A. Colonisation et renseignements agricoles. B. Services rendus à la cause coloniale. — III. Modification des statuts. Statuts de l'Union Coloniale Française. — IV. Cinquième banquet colonial (1899). — V. Bureau et liste des membres.

L'Union Coloniale Française. — Sommaire : Fondation. But.
Evolution. Développement. Action. Résultats cherchés.
Moyens employés. Sections régionales de l'Union Coloniale
Française. Création des sections régionales. But de ces
sections.

Relations entre les membres de l'Union Coloniale Française au
point de vue de leurs intérêts particuliers. Questionnaire
(février 1895).

Nature des services rendus par l'Union Coloniale Française.

Action de l'Union Coloniale Française pour l'année 1896-1897.

Lettre circulaire au sujet de l'Exposition Universelle de 1900.

Lettre circulaire concernant les adjudications des différents
ministères.

Lettre circulaire relative à la Compagnie des Câbles Télégraphiques.

Capitaux nécessaires aux entreprises coloniales (lettre circulaire).

Convocations aux dîners et banquets de l'Union Coloniale Française.

Ouvrages de vulgarisation et de propagande générale

De l'Ecole au Régiment, livret de colonisation, par M. J. CHAILLEY-
BERT (opuscule du maître).

De l'Ecole au Régiment, livret de colonisation, par M. J. CHAILLEY-
BERT (opuscule de l'élève).

Le Rôle social de la colonisation, par M. J. CHAILLEY-BERT (1897).

Conférence sur l'empire colonial de la France, par M. J. CHAILLEY-
BERT.

Les colonies françaises.

Education Coloniale. Enseignement

L'Education et les colonies, par M. J. CHAILLEY-BERT.

Les Colonies et l'Enseignement géographique, par M. MARCEL
DUBOIS.

Vingt ans de Progrès colonial et nécessité d'un Enseignement
colonial, par M. ULYSSE PILA.

Cartes d'admission aux cours de l'Union Coloniale Française.

Convocations aux conférences de l'Union Coloniale Française.

Programme des conférences pour l'année 1895-1896 (2 notices).

Programme des conférences pour l'année 1896-1897.

Cours libres d'Enseignement colonial pour l'année 1896-1897.

Cours libres d'Enseignement colonial pour l'année 1897-1898.

Bourse de voyage et médailles aux élèves des cours de la Sorbonne.

Cours libres d'Enseignement colonial à la Sorbonne pour l'année
1899-1900.

Le Peuplement des Colonies

GÉNÉRALITÉS

Conseils à ceux qui veulent s'établir aux colonies (1893).
Conseils aux émigrants (décembre 1896).
Conseils aux émigrants (mars 1898).
Demandes de renseignements adressées à l'Union Coloniale Française.
Circulaire concernant les demandes d'emplois.
L'Émigration des Femmes aux colonies (1897).
Le Service militaire et la mise en valeur des Colonies françaises (Pétition au Sénat et à la Chambre des Députés).

NOUVELLE-CALÉDONIE. — NOUVELLES-HÉBRIDES

Guide de l'Émigrant en Nouvelle-Calédonie (janvier 1894).
Notice complémentaire pour les Émigrants en Nouvelle-Calédonie
Émigration en Nouvelle-Calédonie (Notice rectificative).
Notice complémentaire pour les Émigrants en Nouvelle-Calédonie (1895).
Circulaire aux instituteurs (1895).
Propagande aux correspondants, circulaire (1895).
Circulaire aux journaux (1895).
Notice complémentaire pour les Émigrants en Nouvelle-Calédonie (1895).
Circulaire aux Conseils Généraux (1895).
Émigration en Nouvelle-Calédonie, notice.
Colonisation agricole de la Nouvelle-Calédonie (1895).
Colonisation de la Nouvelle-Calédonie (affiche, 1895).
Colonisation agricole de la Nouvelle-Calédonie, notice (1896).
Conditions d'Émigration et de Colonisation en Nouvelle-Calédonie (1896).
Conseils aux Émigrants (1896).
Guide de l'Émigrant en Nouvelle-Calédonie (1897).
Guide de l'Émigrant aux Nouvelles-Hébrides (1897).
Lettre d'un Émigrant installé à Canala (Nouvelle-Calédonie).
Émigration en Nouvelle-Calédonie, avis très important (1897).
Circulaire aux journaux (janvier 1898).
Émigration en Nouvelle-Calédonie, questionnaire (février 1898).
Circulaire aux journaux (avril 1898).
La Colonisation en Nouvelle-Calédonie.
Émigration en Nouvelle-Calédonie. Quelques conseils très importants (mars 1900).
Neuf circulaires adressées aux candidats colons.
Trente-trois articles du *Petit Journal* sur la colonisation en Nouvelle-Calédonie.

· ALGÉRIE. — TUNISIE ·

Manuel de l'Emigrant en Algérie, par M. JULES SAURIN.
Manuel de l'Emigrant en Tunisie, par M. JULES SAURIN.
La Tunisie et la Colonisation française, par M. J. CHAILLEY-BERT.
Ce qu'on peut faire en Tunisie, par M. LEVASSEUR.
Carte populaire de la Tunisie.
Notice sommaire sur la Tunisie.
Conseils hygiéniques aux émigrants en Tunisie.
Propriétés domaniales à vendre en Tunisie.
Notices au sujet de la création de Fermes françaises en Tunisie
    (2 notices).
La petite colonisation est-elle possible en Tunisie ? (Notice).
Lettre d'un Colon tunisien relative à la petite colonisation (1898).
Comment on peut employer utilement ses capitaux en Tunisie
    (notice).
La Colonisation de la Tunisie (circulaire aux journaux, 1898).
La Bibliothèque de l'Emigrant en Tunisie (3 notices).

TONKIN. — MADAGASCAR

Ce que l'on peut faire au Tonkin, par M. ULYSSE PILA (1897).
La Colonisation agricole au Tonkin, par M. DUCHEMIN (1900).
Le Métayage au Tonkin et les Concessions agricoles, numéro de
    la *Quinzaine Coloniale*, du 25 avril 1897.
La Colonisation agricole de l'Indo-Chine, par M. CHARLES DEPINCÉ,
    numéro de la *Quinzaine Coloniale*, du 25 décembre 1898.
Guide de l'Emigrant à Madagascar (1898).
Notice sommaire sur Madagascar (1895).

Etudes économiques

La Politique coloniale de la France, l'âge de l'agriculture, par
    M. CHAILLEY-BERT.
Les grandes Compagnies de colonisation, par M. LEROY-BEAULIEU.
Le Régime commercial des Colonies françaises (1894).
Le Régime commercial de l'Indo-Chine française (Annam et Ton-
    kin). Evolution du Régime douanier (juillet 1894).
Le Port d'Haïphong accessible aux grands navires, deux projets
    d'étude (1894).
Le Port du Tonkin dans la rade de Tien-Yen (octobre 1894).
Le Soudan français, organisation et pénétration (juin 1894).
Les Câbles sous-marins et la Défense de nos Colonies, par M. J.
    DEPELLEY (1896).
L'Enregistrement et les Colonies. Les pourvois en cassation et les
    décisions de la magistrature coloniale (juin 1894).
Observations présentées par l'Union Coloniale Française au sujet
    du Régime douanier à établir à Madagascar.

Protestation de l'Union Coloniale Française contre la proposition
de loi relative au régime des amidons et des glucoses, soumise
actuellement aux délibérations de la Chambre.
Notice sommaire sur la Domestication de l'éléphant d'Afrique, par
M. P. BOURDARIE.
Questionnaire concernant la main-d'œuvre dans les pays africains,
rédigé par l'Union Coloniale Française.

Médecine et Droit

Manuel d'Hygiène Coloniale (avril 1894).
Manuel d'Hygiène Coloniale, 2ᵉ tirage (avril 1894).
De l'application du Droit civil aux Musulmans d'Algérie, par M. J.
BOUILLIÉ (1896).

Brochures de propagande sur la Tunisie

RÉPANDUES PAR L'UNION COLONIALE FRANÇAISE

Manuel de l'Emigrant en Tunisie, par M. JULES SAURIN (1896).
Notice sur la Tunisie à l'usage des Emigrants (1897).
Notice sur la Tunisie (1899), 1ᵉʳ tirage.
Notice sur la Tunisie (1899), 2ᵉ tirage.
Notices sur la Colonisation de la Tunisie (24 notices).
La Colonisation agricole en Tunisie, par M. D. ZOLLA.
Rapport sur les Cultures fruitières et en particulier sur la Culture
de l'olivier dans le centre de la Tunisie (1899).
La Production animale en Tunisie (1898).
Programme des conditions d'admission à l'Ecole Coloniale d'Agri-
culture de Tunis.
Liste des Terres domaniales à vendre en Tunisie (22 notices).
Liste des Propriétés particulières à louer et à vendre.
La Colonisation française en Tunisie, par M. RENÉ MILLET (1899).
Le Peuplement de la Tunisie par les Français, par M. JULES
SAURIN.
Revue générale des Sciences pures et 'appliquées : Livraisons du
30 novembre et du 15 décembre 1896 consacrées à la Tunisie.
Promenade en Tunisie, par M. HENRI LORIN (1896).

Propagande Coloniale. — Questions diverses

BROCHURES DISTRIBUÉES PAR L'UNION COLONIALE FRANÇAISE

La Situation coloniale de la France en juin 1894, par M. F. LESEUR.
L'Agriculture au Tonkin. Le Riz.
La Question des Câbles sous-marins en France, par M. HENRI
BOUSQUET.

Une Exploration technique à Madagascar, par M. DUPORTAL.

L'Ile des Pins, son passé, son présent, son avenir. Colonisation et Ressources agricoles, par le Dʳ TH. MIALARET (1897).

Situation de l'Indo-Chine française au commencement de 1894.

Réception de M. A. Rousseau, gouverneur général de l'Indo-Chine. Discours de M. Aug. Isaac et de M. Ulysse Pila. Réponse de M. Rousseau (février 1895).

Les Hollandais à Java, par M. J. CHAILLEY-BERT (1898).

Discours prononcé par M. Léon Say, député. Discussion sur le projet et les propositions de loi ayant pour objet d'élever le droit de douane sur le blé (février 1894).

Les Traités de commerce, par M. LÉON SAY (avril 1895).

Discours de M. Léon Say, député. Discussion de l'interpellation concernant la Bourse du Travail (10 février 1894).

L'Initiative individuelle, par M. LÉON SAY (novembre 1894).

La Nouvelle-Calédonie (1899), notice publiée par le Ministère des Colonies.

La Vie du Colon en Nouvelle-Calédonie, notice publiée par le Comité Dupleix.

Les Plantations au Tonkin et en Annam, notice publiée par le Ministère des Colonies.

Renseignements commerciaux sur l'Indo Chine française, par M. CÉCILLON (1899).

5° FONDATION DE SOCIÉTÉS ET ŒUVRES ANNEXES

Comité de Madagascar. — Comité du Dahomey

Syndicat des Producteurs de la Réunion

Ligue Coloniale de la Jeunesse

Société d'émigration féminine. — Revue des cultures coloniales

RÉSULTATS

DÉVELOPPEMENT DE L'UNION COLONIALE FRANÇAISE

<pre>
Au 1er juin 1894....................   234 membres
    do   1895....................   480   do
    do   1896....................   553   do
    do   1897....................   710   do
    do   1898....................   830   do
    do   1899....................   873   do
Au 1er avril 1900.................. 1.219   do
</pre>

1° Assistance aux intérêts généraux des colonies et du commerce colonial

Principales questions d'intérêt général que l' « Union Coloniale Française » s'est occupée d'étudier et de faire résoudre :

Amélioration des riz en Cochinchine.
Question des quarantaines.
Organisation des crédits confirmés.
Émigration indo-chinoise en Nouvelle-Calédonie.
Banques coloniales.
Question monétaire en Indo-Chine.
Organisation du Soudan français.
Lutte contre les prétentions de l'Enregistrement.
Fournitures administratives. Exclusion des étrangers dans les adjudications aux colonies.
Taux des guinées au Sénégal.
Territoire des annexes du Sénégal.

Législation du gage au Sénégal.
Projet de loi sur la répression des fraudes dans le commerce des
    beurres, touchant par certaines dispositions aux intérêts du
    commerce des arachides au Sénégal.
Projet de loi sur les amidines.
Tissus de jute de Chandernagor.
Crise agricole et économique des anciennes colonies.
Admission en franchise ou en détaxe des produits coloniaux.
Certificats d'origine.
Droits sur les sacs de jute.
Droits sur les riz.
Statistiques commerciales du Sénégal.
Tarif des droits d'octroi de mer de Tahiti.
Crise monétaire en Indo-Chine. Frappe d'une nouvelle piastre
    Fixation du taux officiel de la piastre.
Accélération des services de l'Indo-Chine.
Chemin de fer de Pondichéry à Goudelour.
Echéance du traité de commerce italo-tunisien.
Protection de nos nationaux. Le Contesté franco-brésilien.
Enquête sur la situation de Tahiti.
Liquidation annuelle d'entrepôts.
Recours en cassation contre les décisions de juridictions coloniales.
Exportation des cafés grillés.
Droits de 5 0/0 *ad valorem*, sur les produits transitant à travers
    l'Inde française.
Exportation des boissons gazeuses. Concurrence des produits
    allemands.
Création d'un service côtier à Madagascar.
Transport des coprahs à Nouméa.
Régime des concessions à Madagascar.
Question de l'esclavage et de la main-d'œuvre à Madagascar.
Régime douanier à Madagascar.
Service militaire aux colonies.
Régime des concessions au Tonkin.
Régime des concessions à Madagascar.
Régime des alcools en Algérie.
Réforme du régime minier en Annam.
Réforme du régime minier en Nouvelle-Calédonie.
Réforme du régime domanial en Nouvelle-Calédonie.
Service des colis postaux au Sénégal.
Elévation du taux du change à la Guadeloupe.
Chemin de fer de Dakar à Saint-Louis.
Travaux publics en Indo-Chine.
Travaux publics à Madagascar.
La marine marchande française dans les colonies.
Droits de sortie sur les bœufs à Madagascar.
Admission en franchise des produits français dans certains ports
    de Madagascar.
Régime douanier de la Côte-d'Ivoire.
Enquête sur la main-d'œuvre africaine.

2° Assistance aux intérêts particuliers
des Membres de l' « Union Coloniale Française »

1° Renseignements fournis
à des Membres de l' « Union Coloniale Française »

TITRES DES PRINCIPALES CATÉGORIES :

Textes législatifs relatifs à l'émigration.
Textes judiciaires de jugements et d'arrêts rendus.
Tarifs douaniers, date de leur mise en application.
Conditions économiques particulières à telle ou telle colonie.
Contrats de main-d'œuvre, possibilité de se procurer cette main-d'œuvre et prix de cette main-d'œuvre.
Ouverture de lignes télégraphiques.
Ouverture de débouchés nouveaux pour les produits exportés ou importés.
Projet d'établissement sur la côte du Maroc.
Projet concernant le commerce des étoffes de soie dans l'Afrique Occidentale.
Projet de colonisation des îles Kerguelen.
Plan d'exploration dans la région du lac Tchad.
Commerce des tissus en Indo-Chine.
Débouchés pour une industrie spéciale en Colombie.
Commerce des ciments dans les colonies françaises et à l'étranger.
Exportation des passementeries en Russie. Production indigène. Tarifs douaniers.
Commerce du sel au Sénégal.
Mouvement commercial au Soudan français.
Signalement à un membre d'une saisie de tissus portant contrefaçon de ses marques.
Enquête relative au commerce d'exportation des bois des Etats-Unis.
Culture du cacaoyer et du coton.
Création d'un comptoir à Madagascar. Renseignements sur les principales maisons de commerce à Madagascar.
Procédés d'extraction du caoutchouc.
Nouveau service de vapeurs d'Anvers au Congo.
Contrats des concessions africaines.
Organisation et attribution du Conseil colonial en Cochinchine.
Magasins généraux d'Haïphong.
Droits de port et de navigation en Annam.
Droits de pilotage, de phare, de balisage à Nouméa.
Coût du fret et tarifs de douane pour l'expédition de marchandises à destination du Chili.
Moyens d'expédition de certains produits à destination de l'Algérie pour éviter des difficultés de douanes dans le port français de chargement.

Commerce de la Chine.
Régime douanier à Madagascar.
Bois du Tonkin.
Commerce du riz.
Conditions de la vie en Australie.
Commerce des eaux-de-vie.
Situation économique du Transvaal.
Commerce des fils d'or et d'argent en pays étrangers.
Iles Marquises.
Commerce des bois de campêche à la Guadeloupe.
Cultures pouvant être entreprises au Congo.
Débouchés pour le sulfure de carbone dans l'Amérique du Sud.
Débouchés pour l'acide tartrique en Russie et en Amérique.
Débouchés pour les produits pharmaceutiques dans le Levant et en
Amérique.
Production, préparation et débouchés du caoutchouc.
Café de Libéria.
Coton du Soudan.
Commerce d'exportation des bois des Etats-Unis,

2° *Redressements de torts*

*Assistance à des Membres de l' « Union Coloniale Française »
dont les intérêts se trouvaient compromis ou menacés, soit
dans la métropole, soit dans les colonies, soit à l'étranger.*

TITRES DE QUELQUES CATÉGORIES D'AFFAIRES DE CE GENRE :

Quarantaines injustement appliquées à des bateaux de nos
nationaux.
Droits de douanes indûment perçus.
Mesures inopinées et préjudiciables au commerce.
Etat d'infériorité des commerçants français, sur un territoire
contesté entre la France et une puissance étrangère.
Recrutement de main-d'œuvre coloniale.
Droits de douane ou d'octroi de mer indûment établis ou perçus.
Remise d'une adjudication pour cause de délais trop courts accordés
pour livraison.
Réclamation et obtention d'une nouvelle mise en adjudication : un
membre de l'Union Coloniale Française soumissionnaire, ayant
été écarté à tort de la première adjudication.
Réforme du régime minier au Tonkin.
Remboursement de droits d'octroi de mer à Tahiti.
Demande d'exemption de droit d'enregistrement.
Demande de dégrèvement des droits de douane.
Inde française : demande d'un régime nouveau pour la droiture.
Différend avec les douanes à Madagascar.

Différend avec les douanes au Tonkin.

Saisie de marchandises opérée par une douane étrangère.

Protestation contre les procédés vexatoires d'une douane locale.

Réclamation en faveur d'un commerçant dont les produits se trouvent exclus d'une adjudication par une clause du cahier des charges. Suppression de cette clause.

Rectification d'une erreur sur le lieu de paiement d'une fourniture obtenue par adjudication pour les colonies.

Réclamation contre une amende illégale infligée par une douane étrangère.

Réclamation contre l'application d'une surtaxe à des marchandises qui devaient être exonérées.

Réclamation contre des opérations commerciales de certains services administratifs.

Intervention au sujet de l'application abusive de droits de douane à des marchandises importées dans une colonie.

Intervention de même nature au sujet des produits coloniaux importés en France.

Protestation contre un mode irrégulier de perception des droits de douane.

Réclamation contre un retard injustifié apporté à la délivrance d'un permis de recherches pour une prospection minière.

Remise d'une adjudication dont la publicité avait été insuffisante.

Admission aux adjudications de certains bois de charpente.

Intervention pour obtenir une exécution rapide de formalités administratives, telles que régularisation d'une mainlevée, légalisation de pièces, décret de naturalisation, etc.

3° Principes que l'« Union Coloniale Française » a fait pénétrer dans le pays

1° *L'âge de l'agriculture.* — On n'achète que si on a les moyens d'acheter ; pour avoir les moyens d'acheter il faut exporter ; pour exporter il faut produire: donc l'âge de l'agriculture précède celui du commerce. Il faut commencer par la colonisation agricole.

2° *Nécessité de capitaux chez les colons.* — On ne fait rien avec rien, aux colonies pas plus qu'ailleurs. Le colon a à s'installer, à payer sa main-d'œuvre, à vivre, lui et les siens, jusqu'à ce que son exploitation soit entrée dans la période de rendement, ce qui représente plusieurs années. Il lui faut donc un capital, plus ou moins élevé suivant la colonie, et aussi suivant la nature de l'entreprise qu'il a en vue. Mais il lui faut un capital.

3° *Nécessité d'une préparation pour le futur colon.* — On ne s'improvise pas colon, surtout colon agriculteur. Il faut que le colon soit en mesure de diriger son exploitation, d'où nécessité pour lui d'une préparation appropriée au moyen d'*écoles spéciales* et en attendant la création de ces écoles spéciales, dans les écoles d'agriculture.

Cette préparation ne suffit pas : il faut s'initier aux cultures de la colonie, apprendre la langue des indigènes, s'initier au maniement de la main-d'œuvre locale ; d'où nécessité d'un *stage* chez un colon.

Education théorique d'abord ; *apprentissage* ensuite.

4° *Etude des procédés de l'étranger*. — Nous avons eu une interruption de tout un long siècle dans notre histoire coloniale ; notre nouvel empire d'outre-mer ne date que de quelques années seulement. Nous sommes donc, en matière coloniale, une nation novice qui a tout à apprendre, ou si l'on préfère, à rapprendre. Il faut donc nous mettre à l'école des pays colonisateurs. Il faut leur demander le secret de leurs méthodes, il faut envoyer dans leurs colonies nos fonctionnaires, nos officiers, nos savants pour y voir eur système de colonisation fonctionner et prendre des leçons de choses.

Il faut multiplier, en un mot, les missions d'études dans les colonies étrangères.

5° *Outillage des colonies, chemins de fer*. — On veut que les colonies enrichissent la métropole. Pour cela il faut qu'elles commencent par s'enrichir elles-mêmes. Or la première condition de l'enrichissement pour un pays c'est qu'il soit pourvu d'un outillage économique qui facilite le transport des produits et des marchandises, réception et expédition :

Donc faites des phares, des ports, des canaux, des routes : en un mot outillez vos colonies.

Mais surtout faites des chemins de fer, un chemin de fer c'est une route qui une fois construite rapporte et ne coûte rien. C'est le moyen de circulation par excellence dans les pays neufs ; c'est l'instrument de domination le plus sûr dans des pays habités par une race étrangère nombreuse.

4° Émigration et colonisation

L' « Union Coloniale Française » encourage l'émigration
vers nos colonies

1° Par une *propagande générale.*
2° Par une *propagande spéciale* à telle ou telle colonie.
8° Par les *renseignements* qu'elle donne.

Elle s'est occupée plus spécialement de la colonisation :

1° De la *Nouvelle-Calédonie.*
2° De la *Tunisie.*
3° De l'*Annam-Tonkin.*

Résultats de sa propagande

1° *Pour la* NOUVELLE-CALÉDONIE

Année 1895 : 108 émigrants représentant un capital de Fr.   244.500
—   1896 : 186   —   —   —   592.400
—   1897 : 191   —   —   —   1.061.115
—   1898 : 147   —   —   —   811.000
—   1899 : 185   —   —   —   595.500
—   1900 : 75   —   —   —   117.000
TOTAL... 892 émigrants représentant un capital de Fr.   3.421.515

2° *Pour la* TUNISIE

Année 1896 : 20 familles d'émigrants représentant un
             capital de.................... Fr.   341.000
Année 1897 : 34 familles d'émigrants représentant un
             capital de.........................   1.708.000
Année 1898 : 53 familles d'émigrants représentant un
             capital de.........................   2.678.000
Année 1899 : 54 familles d'émigrants représentant un
             capital de.........................   2.724.000
TOTAL...   161 familles d'émigrants représentant un
             capital de.................... Fr.   7.451.000

3° *Pour l'*ANNAM-TONKIN

Il est impossible de préciser les résultats obtenus faute d'un
service enregistrant les arrivées des colons.

RÉCAPITULATION

L'Union Coloniale Française compte plus de 1.200 membres.

Elle a dépensé pour la cause coloniale 776.668 fr. 65.

Elle a publié et répandu dans le public plusieurs centaines de mille de guides, notices, avis et brochures de vulgarisation coloniale.

Elle a fait plus de 400 conférences.

Elle a reçu 30.471 lettres.

Elle a écrit 32.417 lettres.

Elle a fait 87.228 envois d'imprimés.

Elle a provoqué l'émigration en Nouvelle-Calédonie de 892 personnes, emportant un capital de 3 millions 421.515 francs.

Elle a provoqué l'émigration en Tunisie de 161 familles d'émigrants emportant un capital de 7.451.000 francs.

PARIS

IMPRIMERIE PAUL DUPONT

19, RUE DU CROISSANT, 19

LA QUINZAINE COLONIALE

Directeur : M. JOSEPH CHAILLEY-BERT

44, rue de la Chaussée-d'Antin, Paris

La QUINZAINE COLONIALE publie tous les 15 jours un *Tableau complet de la vie politique et économique de nos possessions d'outre-mer.*

On trouve dans cette Revue :

Tous les ACTES ADMINISTRATIFS susceptibles d'intéresser le colon ;

Tous les RENSEIGNEMENTS STATISTIQUES ET ÉCONOMIQUES indispensables à ceux qui s'occupent des questions coloniales ;

Tous les PROBLÈMES COLONIAUX envisagés au double point de vue doctrinal et pratique.

Les faits les plus notables concernant les colonies étrangères, ceux surtout qui peuvent servir d'enseignement à nos coloniaux ou qui sont susceptibles d'avoir quelque répercussion sur nos propres possessions ; enfin, une large documentation et de nombreuses indications bibliographiques.

Chaque numéro contient **32 pages** *de texte à deux colonnes il en paraît un le* **10** *et le* **25** *de chaque mois.*

Prix du Numéro : **60** Centimes

ABONNEMENTS :

Paris, Départements, Alsace-Lorraine : Un an...... **15** fr. » — Six mois..... **8** fr. » — Trois mois.. **4** fr. **50**

Union postale : Un an, **18** fr. — Six mois, **10** fr. — Trois mois, **6** fr.

Pour s'abonner, il suffit d'envoyer, en un mandat-poste, 44, rue de la Chaussée-d'Antin, le montant de l'abonnement.

Tout ce qui concerne la publicité doit être adressé à *M. le Chef de la Publicité de la* **Quinzaine Coloniale** 11, rue de la Chaussée-d'Antin, Paris

TÉLÉPHONE : 248.17

Paris. — Imp. PAUL DUPONT, 19, rue du Croissant.